A Eloïse et Alexandre

W0278483

Des enfants dans l'Histoire

Collection dirigée par Michel Pierre, Agrégé d'histoire
avec la collaboration de Jean-Michel Coblence

Sommaire

AU TEMPS DES PREMIERS JEUX OLYMPIQUES

Illustrations de Ginette Hoffmann
Texte de Patricia Wenger

Droits de traduction et de reproduction reserves pour tous pays. Toute reproduction, même partielle, de cet ouvrage est interdite. Une copie ou reproduction par quelque procédé que ce soit, photographie, microfilm, bande magnétique, disque ou autre constitue une contrefaçon passible des peines prévues par la loi du 11 mars 1957 sur la protection des droits d'auteur. © Casterman 1988.

ISBN 2-203-13711-8

casterman

Si loin d'Olympie !

AUX premières lueurs du jour, la déesse Aurore quitte l'océan pour s'élever dans le ciel sur son char brillant. Son frère Soleil la rejoint bientôt, réveillant Athènes endormie.

Philémon ouvre les yeux et s'étire. Il n'est pas dans sa chambre, mais sur la terrasse. Les nuits sont tellement chaudes, en plein été, que nombreux sont ceux qui dorment ainsi sous le regard des étoiles. Tandis qu'il roule la natte de roseaux qui lui a servi de lit, une voix rieuse le fait sursauter :

– A quoi rêves-tu ? demande Euryclée, la nourrice, en caressant la tête brune et bouclée du garçon. C'est Euryclée qui a élevé les trois enfants de la maison : Anticlès, âgé de quinze ans, Philémon qui en a neuf et Mélissa qui n'a encore que cinq ans.

– Tu crois que mon père et mon frère rentreront bientôt ? s'inquiète Philémon, qui n'obtient pour réponse qu'un sourire énigmatique. Anticlès est un garçon sportif, si rapide à la course qu'il est parti, cette année, à Olympie où il participe au concours des juniors. Philémon aurait bien aimé l'accompagner, mais leur père a jugé que son fils cadet était encore trop jeune pour un aussi long voyage.

Un rayon de soleil éclaire la pièce aux murs blanchis à la chaux. Un tapis de laine aux couleurs chaudes est posé sur le sol, au milieu de la chambre que partagent habituellement les deux frères. Leurs lit sont faits d'un cadre de bois fixé sur des pattes hautes et larges, ce sont des sangles qui forment le sommier. Deux petits tabourets et un solide coffre qui renferme le linge des deux garçons, soigneusement plié, complètent le mobilier.

Euryclée a posé sur le coffre une cruche pleine d'eau fraîche et une grande bassine. Philémon se lave rapidement et enfile la tunique préparée par la nourrice. Il noue la ceinture qui ajuste la taille.

– Ta peau paraît plus dorée avec cette tunique blanche ; elle a la couleur du miel que ton grand-père récolte. Mais, à la fin de l'été, elle sera aussi brune que le poil de ses mulets..., dit Euryclée en riant.

Philémon entre en courant dans la cuisine. Sa sœur Mélissa danse autour de la pièce, un morceau de pain nappé de miel à la main. Leur mère, Cléïs, est vêtue d'une tunique plissée très longue, d'un beau jaune vif. Elle porte le bracelet en forme de serpent que Philésios, son mari, lui avait offert peu avant la naissance de leur premier enfant.

Deux servantes s'affairent : l'une pétrit le pain, l'autre verse de l'eau dans un chaudron placé au centre de l'âtre.

La fumée du feu s'échappe par un orifice pratiqué dans la toiture. Aux murs sont accrochés des oignons tressés et des bouquets d'herbes aromatiques, ainsi que de nombreux ustensiles : trépieds, poêlons, broches et louches. Sur des tablettes, le long des murs, sont posées les jarres et les amphores où l'on conserve la farine, l'huile, le vin, les olives et les figues, les cratères où l'on prépare le vin, des cruches, des coupes et des marmites.

– Bonjour, maman ! Bonjour, Mélissa ! salue Philémon.

– Bonjour, mon fils ! répond Cléïs. J'ai reçu un message : ton père et Anticlès devraient être ici demain ! Ton attente va prendre fin !

– Est-ce Anticlès qui a remporté l'épreuve ?

– Non, c'est un garçon d'Orchomène, mais ton frère est arrivé second. Il recevra, peut-être, la couronne de lauriers à d'autres Jeux. De toute façon, nous devons déjà remercier les dieux de l'honneur accordé à Anticlès de participer à un concours olympique. Mais tu as assez traîné ! Ton maître va t'attendre... Dépêche-toi de partir, dit Cléïs en poussant son fils vers la porte.

L'Acropole
et la ville d'Athènes

Athènes, cité grecque

Les Grecs anciens avaient le sentiment de former un seul peuple et se sentaient très différents de ceux qu'ils appelaient les « barbares ». Mais la Grèce ne fut jamais un État unifié; chaque cité possédait ses institutions particulières et défendait jalousement son autonomie.

La cité ne comprenait pas seulement la ville ceinte de ses remparts mais aussi la campagne environnante avec ses bourgades et ses villages. Le territoire athénien occupait la région de l'Attique, dont la ville d'Athènes était le centre politique. Au Ve siècle av. J.-C., deux cités grecques se disputent la suprématie : Athènes, la commerçante, et Sparte, la guerrière.

Au cœur de l'Agora

PHILÉMON quitte la maison avec Euphorbe, le pédagogue qui l'accompagne chaque matin jusqu'à l'école. Devant la demeure voisine, Philémon s'arrête.

– Attendons Calléas, il ne va pas tarder et..., mais l'enfant ne termine pas sa phrase.

Le seuil est enduit de poix, un rameau d'olivier est suspendu au-dessus de la porte d'entrée.

Euphorbe sourit :

– Mais oui, Calléas vient d'avoir un petit frère. Tu ne te souviens pas de la naissance de ta sœur ?

– Si, je m'en souviens. A la place de la branche d'olivier, c'était une bandelette de laine que nous avions accrochée pour annoncer la venue d'une fille.

Euphorbe ajoute :

– Dans quatre jours, le bébé sera présenté à Hestia,

la déesse du foyer, et cinq jours plus tard, il recevra son prénom lors d'une cérémonie qui réunira toute sa famille. Mais aujourd'hui, je ne sais pas si Calléas va aller à l'école; nous ne devrions pas l'attendre, si nous voulons arriver à l'heure.

Euphorbe et Philémon se remettent en route. Philémon habite au nord d'Athènes, entre le quartier de Skambonides et celui du Céramique. Dans le premier, les maisons de pierre sont vastes et élégantes, avec de beaux portiques et de grands jardins. Dans le quartier du Céramique, des maisons plus modestes, construites en bois, en briques crues et en torchis, sont collées les unes contre les autres. Les rues sont sinueuses et très animées; artisans, potiers et forgerons habitent et travaillent là. Leurs ateliers et leurs boutiques attirent les passants qui entrent volontiers pour acheter ou simplement pour regarder et parler des dernières nouvelles.

– Nous arrivons à l'Agora. Regarde comme le temple d'Héphaïstos est beau, dit Euphorbe, admiratif.

L'Agora est le centre commerçant et politique d'Athènes. Le temple d'Héphaïstos, le dieu forgeron, est construit sur la butte, entouré d'arbustes et de fleurs en pots; il domine la place où d'autres temples jouxtent les bâtiments civiques.

– Les Athéniens ont raison d'être fiers de leurs monuments. Les meilleurs architectes, les plus grands sculpteurs ont travaillé pour embellir la cité, continue Euphorbe.

Mais, à cette heure, le marché est déjà installé sur la place, et Philémon n'a d'yeux que pour les étals placés à l'ombre des arbres et sous des toiles tendues.

Il regarde les légumes, les fruits, l'huile d'olive récoltés et apportés à dos de mulets par des paysans des environs.

Certains sont venus vendre des moutons et des porcs, qui

attendent en bêlant et grognant, avant d'être achetés par les bouchers qui les tueront et les débiteront sur place.

Il y a aussi des marchands de fromage et des détaillants de grains. Des vendeuses d'herbes présentent leurs bouquets odorants. Des boulangers et des pâtissiers attirent les gourmands, tandis que les combats de coqs provoquent l'attroupement des parieurs et des badauds. Pour accroître leur ardeur, les animaux ont été gavés d'ail et d'oignon, et leurs ergots sont munis d'éperons de bronze.

– Regarde, Euphorbe ! Sur lequel miserais-tu ? demande Philémon.

Le pédagogue hausse les épaules :

– Il est trop facile de perdre tout son argent, quand on se laisse prendre au jeu. Et bien rare d'y faire fortune !

Euphorbe et Philémon ne s'attardent pas davantage. Ils quittent l'Agora et prennent la rue des cordonniers. Les échoppes sont ouvertes. Artisans et commerçants se lèvent au chant du coq et se mettent vite à leur travail. Philémon regarde à l'intérieur d'une boutique : un client a posé son pied nu sur un morceau de cuir placé sur une bille de bois, le cordonnier taille la semelle à l'aide d'un solide couteau. Il y fixera ensuite des lanières et les sandales seront prêtes.

– Nous sommes presque arrivés : j'aperçois le barbier. Il ne manque jamais de clients. Quand je serai grand, je porterai les cheveux très courts et je laisserai pousser ma barbe, comme mon père, dit Philémon.

Citoyens, métèques, esclaves

La cité d'Athènes était en principe dirigée par tous les Athéniens. C'était une **démocratie** (terme issu du grec, qui signifie « le pouvoir du peuple »). Cependant, le titre d'Athénien était réservé aux seuls **citoyens** (à peine un habitant de la cité sur dix, au Ve siècle av. J.-C.)

Les **métèques** étaient les étrangers, Grecs d'une autre cité ou « barbares » vivant à Athènes. Ils étaient libres, mais n'avaient aucun droit politique et ne pouvaient pas acheter de terres.

Les **esclaves** représentaient la grande majorité de la population. Anciens prisonniers de guerre, enfants abandonnés, fils et filles d'esclaves, ils étaient privés de tout droit, et employés comme domestiques ou comme ouvriers dans les ateliers et les champs.

Leur sort était très variable ; ceux travaillant dans les moulins ou les mines menaient une existence misérable. Mais les domestiques étaient souvent intégrés à la vie familiale, bien traités, parfois tendrement aimés.

La musique élève l'âme

PHILÉMON entre dans la maison de son maître. Celui-ci, que l'on appelle grammatiste, enseigne la lecture, l'écriture et le calcul à une vingtaine d'élèves. Philémon s'y rend depuis l'âge de six ans. Il rejoint ses camarades dans la cour et entame une partie d'osselets. Lorsque le maître apparaît, il est respectueusement salué. La salle de classe est une vaste pièce. Le maître s'assoit sur une chaise, son bâton près de lui, les enfants s'installent sur des tabourets.

– Aujourd'hui, les plus jeunes vont faire des exercices de lecture. Cette leçon est inutile pour les plus grands qui s'appliqueront à quelques calculs, annonce le maître.

Avec un stylet, sur sa tablette enduite de cire, Philémon copie les opérations à résoudre. Après avoir donné aux plus petits leur leçon de lecture, le grammatiste se lève et rejoint le groupe des aînés. Il se penche sur chaque tablette et, tour à tour, commente les résultats :

– Vous faites de grands progrès. Même toi Cléotas, tu n'as pas commis une seule erreur, je te félicite pour ta persévérance.

La leçon s'achève, mais la matinée de Philémon n'est pas terminée. Il va maintenant chez le cithariste, qui enseigne la musique.

– Bonjour, Philémon ! Assieds-toi ! dit le professeur, un homme jeune, souriant et volubile. Avec lui, les enfants apprennent à chanter et à jouer de plusieurs instruments, lyre, cithare, flûte ou tambourin. En étudiant la poésie, ils s'initient aussi à toutes les sciences, car les poèmes renferment et révèlent les connaissances et la sagesse des Anciens. La musique forge le caractère et élève l'âme. Un Grec incapable de chanter lors d'un banquet serait raillé et traité d'ignorant et de sot.

Le cithariste écoute Philémon chanter une ode en s'accompagnant de la lyre :

– Il te faudra travailler encore ! Tu as une bonne mémoire Philémon, mais tes doigts manquent de souplesse, il faut faire plus souvent les exercices que je t'ai montrés. La musique est un art, mais il faut d'abord en connaître la technique, et cela demande efforts et patience.

En sortant, Philémon retrouve Cléotas :

– Mon frère et moi allons nous baigner cet après-midi, tu viens avec nous ? propose Cléotas.

– D'accord, on se retrouvera après le repas, répond Philémon qui rejoint Euphorbe. Leur retour est rapide malgré la chaleur écrasante de midi. Le jeune garçon pense à son frère : quand il aura douze ans, Philémon pratiquera lui

aussi de nombreux sports. Il s'entraînera à l'équitation et deviendra, peut-être, un athlète, comme Anticlès...

Philémon est arrivé chez lui sans s'en apercevoir. La voix de sa sœur le sort de sa rêverie :

– Où sont mes roses, où est mon joli persil, et où sont mes violettes ? chantonne la petite fille qui abandonne sa poupée, en voyant son frère, et court se jeter dans ses bras.

Le repas de midi se compose d'olives, de fèves et d'oignons mijotés, d'anchois salés, de pain, de fromage et de figues. Chacun se sert avec les doigts. Le déjeuner terminé, Cléïs se lève et s'adresse à son fils :

– Demain, Philémon, je voudrais que tu ailles chez mon père l'avertir du retour des nôtres.

L'idée de cette mission ravit Philémon. Tandis qu'il s'éloigne pour rejoindre son ami Cléotas, il entend sa mère expliquer aux servantes leurs travaux de l'après-midi.

La palestre

Après les cours du grammatiste et ceux du cithariste, les jeunes Athéniens suivaient, à partir de douze ans, l'enseignement du **pédotribe**, responsable de leur éducation physique et sportive.

C'est à la **palestre**, un terrain de sport à ciel ouvert, entouré de bâtiments renfermant les vestiaires, les salles de bain et de repos et les réserves à huile et à sable qu'avait lieu l'entraînement.

Nus, le corps enduit d'huile et saupoudré de poussière, les enfants pratiquaient différents sports sous l'œil du maître porteur d'un bâton fourchu. Le son du hautbois rythmait la plupart des exercices.

Le miel de l'Hymette

MALGRÉ l'heure matinale, il fait déjà chaud, et sur le chemin de terre desséchée qui relie Athènes à Alopéké, les pas des voyageurs soulèvent des nuages de poussière. Philémon, accompagné d'Euphorbe, marche vivement, tout pénétré de sa mission.

La rivière Illisos coule en serpentant à droite du chemin. Au loin, on aperçoit le massif de l'Hymette, couvert de thym. Le mont Anchesmos surplombe la route, chèvres et brebis y paissent en nombre. Dans la plaine, la vigne, les oliviers et les figuiers promettent de belles récoltes.

Euphorbe et Philémon croisent un convoi avançant lentement : les chariots, tirés par des bœufs, portent de gros blocs de pierre.

– Remarque la couleur bleutée de ce marbre ; il provient de carrières du mont Pentélique, explique Euphorbe. Nous

sommes presque arrivés, nous avons été rapides ; il est vrai que nous sommes sur la route de Marathon...

– Grand-père me raconte souvent la bataille de Marathon, elle a eu lieu l'année de sa naissance : 9 000 Grecs ont affronté une armée perse dix fois plus nombreuse. Athènes remporta pourtant la victoire, la première depuis le début des guerres contre les Perses. Le soldat qui porta l'heureuse nouvelle à la cité mourut d'épuisement après une course de plusieurs heures.

Les deux compagnons quittent la route principale pour prendre le sentier qui mène au domaine familial. Des champs, des vergers et des prés entourent la maison, une grosse bâtisse carrée, construite en pierres où grimpent du lierre et de la vigne. La rivière est toute proche, fraîche et poissonneuse.

– Bonjour, grand-père ! s'exclame Philémon en arrivant.

– Bonjour, mon petit ! Tu m'as surpris, je ne t'avais pas entendu venir. Je contemplais le potager : des chenilles dévorent les choux, mais les courges et les melons sont très beaux cette année. Tu vois ces fleurs, ta grand-mère s'en occupe toujours elle-même, elle en fait les guirlandes les plus vives et les plus parfumées de la région.

– Je t'apporte les salutations de maman et un message : mon père et mon frère seront de retour demain, annonce cérémonieusement le garçon qui ajoute, plus vivement : Anticlès est arrivé second.

– Voilà de bonnes nouvelles. Va prévenir ta grand-mère, elle est dans la maison, puis rejoins-moi, nous irons voir les ruches.

Le vieil homme regarde son petit-fils qui s'éloigne ; il a eu deux enfants : la douce Cléïs d'abord, puis un fils. Mais

celui-ci mourut de la peste qui ravagea Athènes, il y a maintenant dix ans. Le deuil fut terrible pour des parents déjà âgés, qui perdaient leur unique héritier : les garçons sont les seuls à pouvoir perpétuer le culte familial, car les filles en se mariant adoptent les ancêtres de leur époux.

La naissance de Philémon, un an après la mort de son oncle, rendit un peu d'espoir et de joie à son grand-père et l'on donna au nouveau-né le prénom de son aïeul maternel.

– Je suis là ! avertit Philémon, interrompant le cours des pensées de son grand-père.

Le sentier traverse un petit bois où le vieux Philémon pose des pièges. Aujourd'hui, ce sont trois lièvres, une perdrix, plusieurs cailles que les deux chasseurs mettent dans le grand sac que Philémon porte fièrement. Les ruches sont installées sur les pentes du mont Hymette. Ce sont des troncs de chêne-liège évidés dans lesquels le grand-père a introduit les essaims d'abeilles capturés. Pour la récolte, il porte un voile qui enveloppe et protège son visage, il enfume les ruches pour faire fuir les abeilles, puis il prélève les disques de cire où s'accroche le miel doré et parfumé.

L’art de la table

Les Athéniens se nourrissaient de pain et de galettes, de bouillies et de nombreux légumes : lentilles, fèves, bettes, salades, courgettes, citrouilles. Ils mangeaient aussi des poissons, tantôt frais, tantôt salés et séchés. Beaucoup plus chères, les volailles et viandes de boucherie étaient réservées aux repas de réception et aux cérémonies.

Les fromages de chèvre ou de brebis, les olives, les figues, les raisins et les melons figuraient sur toutes les tables. Enfin, les Grecs étaient friands de pâtisseries et de confiseries sucrées au miel. Ils utilisaient beaucoup d’herbes et d’épices pour parfumer leurs plats. La boisson préférée des hommes était le vin, que l’on servait toujours étendu d’eau et épicé. Les enfants buvaient du lait de chèvre.

Les jeux du stade

– Grand-père et grand-mère sont là ! crie Philémon en pénétrant dans la grande salle de sa maison, mais il s'arrête sur le seuil, surpris et ravi de voir son père et son frère. Il se précipite vers eux, muet de joie.

Après avoir accueilli ses beaux-parents, Philésios, le père, prie tout le monde de s'installer à son aise. Mélissa se blottit contre lui et l'écoute, radieuse :

– Grâce à la trêve sacrée, nous avons fait un voyage sans encombre. C'est une longue route : nous sommes passés par Mégare et par Corinthe, nous avons traversé la montagneuse Arcadie avant d'atteindre Olympie. Le sanctuaire est construit dans un paysage admirable, calme, vallonné et boisé. Il attire une foule innombrable, venue de toute la Grèce, et autour de l'enceinte sacrée se tient une véritable foire où les écrivains et les philosophes trouvent un large public pour les écouter déclamer leurs dernières œuvres.

– Et les Jeux ? questionne Philémon. Son frère lui répond fièrement :

– Ce sont les meilleurs athlètes de chaque cité qui viennent se mesurer à Olympie, c'est impressionnant ! Le premier jour des fêtes, nous avons assisté aux sacrifices et aux libations offerts aux dieux, puis les juges et tous les participants ont prêté serment : nous avons juré de respecter les règles établies. Le deuxième jour, les compétitions commencèrent, il y eut d'abord la course du stade, celle du double stade, celle de six stades, puis le pentathlon, qui comprend cinq épreuves : la lutte, la course, le saut, le lancement du disque et celui du javelot.

– Il faut être un athlète très complet pour concourir au pentathlon, je les admire, interrompt le grand-père. Philésios opine de la tête : « Oui, c'est vrai, mais ce sont les sports de combat qui enthousiasment le plus les spectateurs. Nous l'avons constaté, le jour suivant, où les lutteurs, les boxeurs, puis les adversaires au pancrace, le plus brutal des combats, se sont affrontés deux par deux, sous les acclamations véhémentes de la foule. »

– Parle-nous des épreuves des enfants, s'impatiente Philémon.

– Elles se disputèrent le quatrième jour ; il y eut d'abord la boxe, puis la lutte. Enfin la course à pied, que j'attendais avec l'impatience que vous imaginez. Tous les concurrents se sont élancés de la ligne de départ au signal ; d'abord très groupés, ils se distinguèrent rapidement, un garçon d'Orchomène prit la tête avant le demi-tour du fond de stade. Anticlès le suivait et il parvint même à gagner un peu de

terrain sur lui en fin de parcours. Mon fils est arrivé second, mais il est jeune, il participera certainement à d'autre Jeux et, un jour, il pourrait bien recevoir la couronne de lauriers des vainqueurs.

Anticlès sourit et reprend, modestement, le récit des dernières épreuves :

– L'après-midi, la course en armes fut remportée par un Athénien, Ctéatos. Le lendemain, les courses de quadriges et de chevaux montés donnèrent l'occasion de s'illustrer à un autre Athénien. Le sixième et dernier jour, c'est avec émotion que nous avons tous pris part à la procession solennelle, avant d'être conviés à un grand banquet.

– Comme j'aurais aimé voir les courses de chevaux, dit Philémon.

– Je connais ta passion pour l'équitation, répond son père, et j'ai pensé à toi, Philémon, en admirant les cavaliers. Si nous retournons à Olympie, tu seras assez grand pour être, cette fois, du voyage !

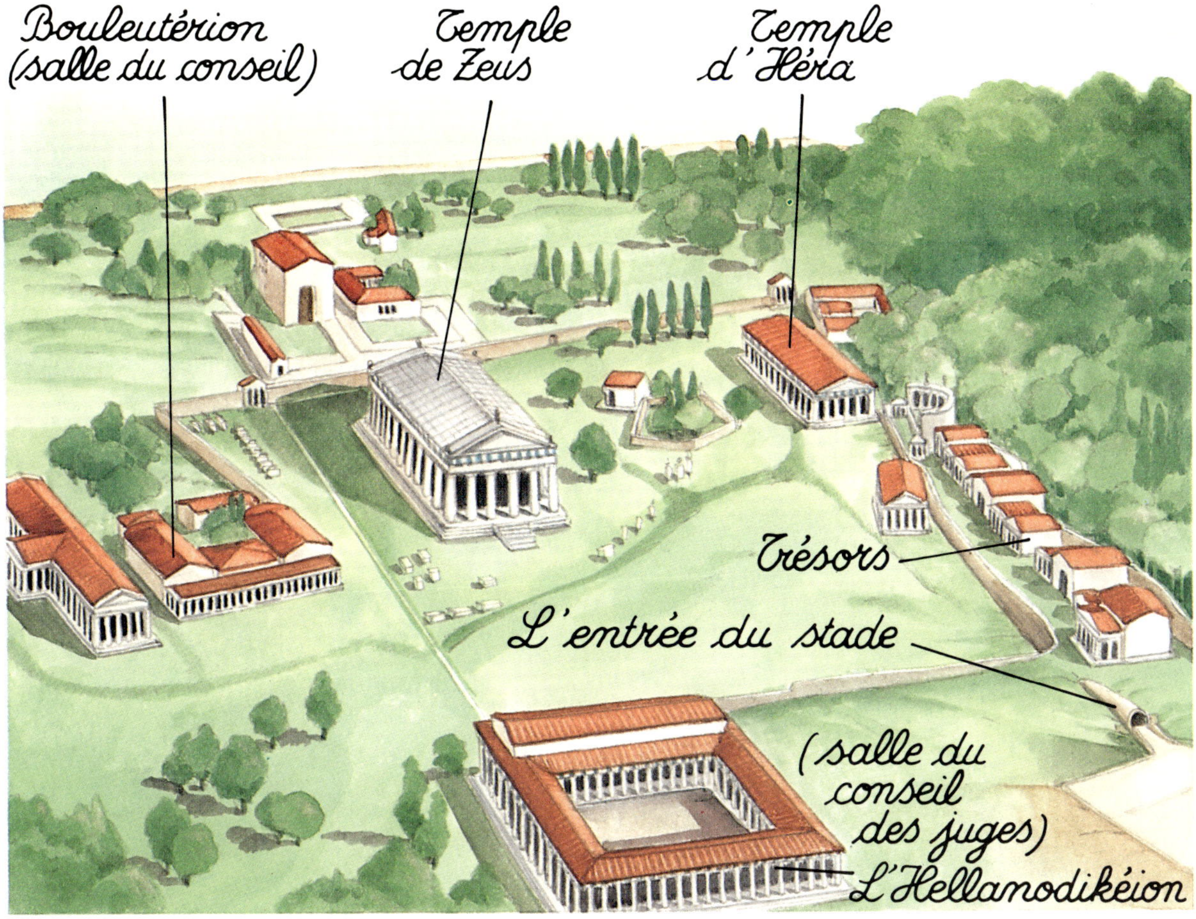

Le sanctuaire d'Olympie

Olympie n'était pas une cité, mais un vaste sanctuaire dédié à Zeus, le premier des dieux. La cité d'Elis administrait ce lieu sacré dont la renommée était immense.

Son principal monument, un temple consacré à Zeus, abritait une statue colossale, œuvre du sculpteur Phidias. Haute de 12 mètres, ornée d'or, d'ivoire et de pierres précieuses, elle représentait le dieu assis, trônant dans toute sa majesté.

Annoncés dans toute la Grèce, les Jeux avaient lieu tous les quatre ans à Olympie. Ils se déroulaient en plein air, au stade et à l'hippodrome. Pendant six jours, cérémonies religieuses et concours sportifs alternaient, sous les yeux d'une foule venue de tout le monde grec mais dont les femmes étaient exclues.

Les héros et les dieux

– Tu dors ? questionne Philémon, pressé d'entendre à nouveau son frère aîné.

– Non, plus maintenant. C'est bien agréable d'être de retour chez soi, mais quel ennui d'avoir un frère ! répond Anticlès en riant.

Les adultes sommeillent encore : hier soir, un banquet a réuni les hommes au rez-de-chaussée, tandis que les femmes dînaient entre elles à l'étage, et tous se sont couchés tard. Cependant, la réception officielle des Olympioniques, les vainqueurs aux Jeux, doit avoir lieu ce matin et les servantes ont reçu l'ordre de réveiller à temps toute la famille. Les préparatifs sont rapides. Dans la rue, une foule se dirige vers les remparts ; une brèche y a été faite pour montrer la confiance de la cité en ses deux héros : n'a-t-elle pas désormais de meilleure défense que ces champions ? C'est par cette porte inhabituelle que les Olympioniques pénètrent dans Athènes. Ctéatos, vainqueur de la course en armes, et Lysias, champion des courses de chars apparaissent enfin. L'accueil est triomphal et tous acclament les deux athlètes.

Une procession se forme, traverse l'Agora en diagonale, puis gravit en ligne droite la pente de l'Aréopage, pour se diriger vers l'Acropole, citadelle qui domine la ville basse d'une centaine de mètres. Philémon escalade les marches qui conduisent aux Propylées, la porte monumentale de l'Acropole. Les prêtres marchent en tête du cortège, vêtus de blanc et couronnés de fleurs; les assistants et les futures victimes du sacrifice, des vaches blanches aux cornes dorées, parées de couronnes et de bandelettes de laine, les suivent le long de la Voie sacrée.

– Nous sommes au cœur de la cité, explique Philésios. Chaque temple est une étape de notre histoire. Le Vieux temple a été construit sur le premier sanctuaire dédié à Athéna. L'Erechthéion conserve tout notre passé: c'est ici qu'Athéna et Poséidon se sont opposés pour la possession de l'Attique. Le dieu a fait jaillir un bassin d'eau salée d'un coup de trident, tandis que la déesse offrait à notre pays l'olivier; c'est la sage Athéna que les anciens habitants de notre cité ont choisie et notre ville porte son nom depuis lors. Le Grand temple, le Parthénon, est terminé depuis peu, c'est l'œuvre de l'architecte Phidias. Le temple abrite la statue de notre déesse et ses trésors, sans cesse accrus, dans un cadre digne de sa gloire. Tous les visiteurs d'Athènes célèbrent la beauté de cet édifice, décoré par les plus habiles sculpteurs et les meilleurs peintres. C'est le témoignage de notre puissance comme de notre dévotion, termine fièrement Philésios.

Un grand feu est allumé sur l'autel. Après la prière, le sacrificateur égorge les victimes. On brûle un morceau des cuisses et un peu de cette graisse qui réjouit les dieux immortels, puis les animaux sont partagés entre les prêtres et les fidèles. Philésios apporte la part de sa famille. Certains restent là, d'autres partent.

– Nous allons rentrer et manger ceci chez nous, dit Philésios.

Le déjeuner a lieu dans une atmosphère de liesse. Philémon est heureux de voir sa famille réunie de nouveau et il ne cesse d'interroger son frère pour apprendre plus de détails. La journée se passe très vite et quand il s'endort, le soir, Philémon rêve d'Olympie: il monte un cheval magnifique, nerveux et docile à la fois. Son grand-père, son père, son frère, tous sont là et l'encouragent; il va gagner et recevoir la glorieuse couronne de lauriers. Mais l'enfant se réveille, ce n'est qu'un rêve; pourtant, peut-être, un jour...

Les maîtres de l'Olympe

Les Grecs vénéraient des centaines de dieux, parmi lesquels les douze puissants et majestueux dieux de l'Olympe. Une abondante mythologie raconte leur histoire et explique la création du monde et des hommes.

Le premier des rites religieux était la purification: on se lavait avant de s'adresser aux dieux. Puis venaient les libations de vin, de lait ou de miel, les offrandes de mets ou d'objets précieux, enfin les sacrifices accompagnés de processions, de chants et de danses.

Le feu sacré du foyer était le premier lieu de culte. Face à lui, on saluait chaque jour Hestia et les ancêtres, on présentait la jeune mariée, les nouveau-nés et les esclaves introduits dans la famille. Plusieurs fois par an, la cité célébrait ses dieux lors de grandes fêtes collectives. A Athènes, la plus importante, celle des Panathénées, avait lieu au début de l'été.

L'église de la Madeleine à Paris (achevée en 1806).

L'héritage grec

La civilisation grecque rayonna longtemps sur toute la Méditerranée. Transmise par les Romains, puis par les moines du Moyen Age, elle imprégna profondément la culture occidentale.

Ainsi devons-nous aux Grecs notre alphabet et une part importante de notre vocabulaire. Nos sciences et nos arts ont leurs racines en Grèce. Thalès et Pythagore ont jeté les bases des mathématiques et de la physique ; Socrate, Platon et Aristote, en réfléchissant sur la destinée humaine, ont inventé la philosophie ; Thucydide et Hérodote sont les premiers historiens, et c'est en Grèce, avec Eschyle, Euripide, Sophocle et Aristophane que sont nées la tragédie et la comédie. Enfin, la sculpture et l'architecture européennes sont imprégnées de l'idéal esthétique antique ; on en trouve encore la marque sur de nombreux monuments.

Cérémonie moderne sur le site d'Olympie

Des Jeux antiques aux Jeux modernes

Les Jeux Olympiques se déroulèrent tous les quatre ans, de 776 av. J.-C. jusqu'en 394 ap. J.-C., date à laquelle l'empereur romain Théodose II, maître de la Grèce, les interdit. A la fin du XIXe siècle, un Francais, Pierre de Coubertin, décida de les ressusciter, afin de renouer avec la tradition sportive et pacifiste des concours antiques.

C'est à Athènes, en 1896, que se sont tenus les premiers Jeux Olympiques modernes. Sommet des compétitions sportives internationales, ils ont lieu comme autrefois tous les quatre ans. Ils concernent, aujourd'hui, presque tous les sports, et depuis 1924, des Jeux Olympiques d'hiver sont réservés aux sports de neige et de glace.

Hoplites d'Athènes en ordre de bataille.

Petite chronologie

1600-1200 av. J.-C. : Épanouissement de la civilisation mycénienne.
850 av. J.-C. : Formation des cités : Athènes, Sparte, Thèbes, Delphes.
776 av. J.-C. : Premiers Jeux Olympiques.
594 av. J.-C. : Après des révoltes populaires, Solon est élu prèmier magistrat d'Athènes. Il met en place un régime démocratique.
490 av. J.-C. : Première guerre contre les Perses. Bataille de Marathon.
Ve siècle av. J.-C. : Apogée de la civilisation grecque classique.
431 à 421 av. J.-C. : Guerre entre Athènes et Sparte.
350 av. J.-C. : Un roi macédonien, Philippe, pénètre en Grèce. Son fils, Alexandre le Grand, intégrera les cités grecques à son royaume.
146 av. J.-C. : Rome soumet la Grèce qui deviendra une province romaine.